रफ़ कॉपी

A Collection of Rough Thoughts.

प्रियंक कुमार

BookLeaf Publishing
India | USA | UK

Made with ❤ on the BookLeaf Publishing Platform
www.bookleafpub.in
www.bookleafpub.com

Dedication

होगी ये दुनिया बहुत बड़ी,

अनामिके,
मैं तो सिर्फ़ तुम-से ------- तुम-तक ही हूँ ।

सो तुम्हीं को समर्पित

Preface

पढ़ाई से सॉफ्टवेयर इंजीनियर,
पेशे से व्यवसायी,
जीन्स और टीशर्ट - पसंद का पहनावा ।
कुल मिला कर बात ये है की
किसी एंगल से मैं लिखने वाला नहीं ठहरा।
पर लिखने का शौक रहा शुरू से,
जहाँ तहाँ ढेरों दो-चार लाइनें लिख लिख कर
अधूरा छोड़ रखा था, अब जब बुक लीफ पब्लिकेशन ने मौका दिया,
तो शुरुआत हुई उन दो चार लाइनों को ढूँढ कर,
उन्हें उनके अंजाम तक पहुँचाने की।
शुरुआत में लिखने में तख़ल्लुस 'स्वप्न' लगाता था ।
क्या होता है कि जो नया नया शायर होता है ना,
वो इस बात पर ज़्यादा समय लगाता है कि
तख़ल्लुस क्या रखा जाए, बज़ाय इसके की अच्छा लिखा कैसे जाए।
सो मैं भी निरा वही ठहरा।
फिर एक दिन गौर किया- की मेरे तो दसों उँगलियों में शंख हैं।
तो बचपन की वो बात याद आ गई - दसों चक्र राजा, दसों शंख योगी।
तो मुझे लगा - अरे मैं तो जन्म से जोगी हूँ -
सो फिर मैंने तख़ल्लुस रखा 'कबीरा' ।
कुछ रचनाओं में ये लगा मिलेगा,
फिर अपने नाचीज़ होने के एहसास ने
वो भी लगाने से मना कर दिया।
भला कहाँ कबीर, कहाँ मैं ।

देखता हूँ कभी कुछ अच्छा लिख भी पाऊँगा या नहीं ।

फ़िलहाल रफ़ कॉपी ही है

आप की ज़ानिब।।

Acknowledgements

बचपन में जब कुछ सुनने समझने की अक्ल आई
तो शायरी और मुशायरों से परिचय मेरे 'ताऊ जी ' ने करवाया,
जिन्हें हम क्या - सभी 'बाबूजी' कह कर बुलाते थे।
जो कुछ भी शायरी या शायरों को जानने और सुनने की
तलब जगी, ये उन्ही की देन है, उनके साथ हम सब तब
बहुत से मुशायरों में जाया करते थे
ढेरों शायरों का परिचय उन्ही से मिला - ये श्रेय उन्ही को जाता है
फिर तो बहुत सारे शायरों को पढ़ा,
मुश्किल ये है कि सभी के नाम याद नहीं रहते,
तो किन्हीं लाइनों में अगर उनमें से किसी की झलक दिख जाए,
तो बेशक ये क्रेडिट उन्ही को जाता है।
गुलज़ार साब, जावेद अख़्तर साब, दुष्यंत जी - इन सब की लिखावट
ने
कहीं ना कहीं बहुत असर डाला है।
इन सब के सामने मैं कुछ भी नहीं -
बच्चा हूँ मैं अभी - चलना सीख रहा हूँ
ये पहला क़दम है
आप सब से माफ़ी भी चाहिए,
और आशीर्वाद भी।

1. राम

'राम'-तुमसे कुछ सीखा नही
बस तुम्हारी रामायण पढ़ी।
इतने सयाने लोग हैं ये,
कैसे इन्हें समझाओगे।
हमको पता है राम तुम, अब यहाँ ना आओगे।।

बाप के बचनों की खातिर
जो हंस के बन को चल दिया।
दौड़ ऐसी है मची,
कि माँ बाप बन में पाओगे।
हमको पता है राम तुम, अब यहाँ ना आओगे।।

कौशल्या भी मिल सकती हैं यहां
और दशरथ जैसा बाप भी।
भरत-लक्षमन और हनुमन ,
बोलो कहाँ से लाओगे
हमको पता है राम तुम, अब यहाँ ना आओगे।।

तब दशमुखी रावण था एक
आज सौ मुखी हैं अनगिनत ।
एक को मारोगे तो,
दूजा खड़ा तुम पाओगे।
हमको पता है राम तुम, अब यहाँ ना आओगे।।

'तुम-सा' बनना तो दूर,
रावण से भी बड़े राक्षस यहां।
'निर्भया' जो देखी तो 'रावन',
पूजने लग जाओगे।
हमको पता है राम तुम, अब यहाँ ना आओगे।।

'राम'-तुमसे कुछ सीखा नही
बस तुम्हारी रामायण पढ़ी।
इतने सयाने लोग हैं ये,
कैसे इन्हें समझाओगे।
हमको पता है राम तुम, अब यहाँ ना आओगे।।

2. बेटियां

बेटियां,
धुप की तपिश हो,
तो पेड़ की छांव हैं बेटियां।
रात के अँधेरे में
घर का चिराग है बेटियां।
माँ अगर बीमार है
तो घर की रोटी हैं बेटियां ।
भाई का सारा राज़
जानती हैं बेटियां ।
बेटियां ही तो लक्ष्मी बन के,
घर में आती हैं ।
बेटियां ही तो बुढ़ापे में,
माँ बाप की लाठी है ।

बेटियां हैं तो
घरों की ये सजावट है।
बेटियां हैं तो
घरों में खिलखिलाहट है।
बेटियां हैं तो
गोटी है और गिब्भक है।
बेटियां हैं तो
इमली है और अमरक है ।
बेटियां हैं तो
घर के आँगन में रंगोली है।

बेटियां हैं तो
दिवाली है और होली है।
बेटियां ही तो अपने पापा
के लिए ऐनक हैं।
बेटियों से ही तो
घरों में सारी रौनक है .।

ये बेटियां ही तो दुर्गा हैं, लक्ष्मी हैं
और सरस्वती।
बेटियों के रूप में
आसमां से उतरती हैं देवियां।
बड़ी हो क़िस्मत जिसकी
उनको है मिलती बेटियां ।।

3. रिश्ते

एक ज़रा से जीवन मे हमने,
क्या क्या खेल अजूबे देखे।
दोस्त मिले सब दिल के सच्चे,
रिश्ते कितने झूठे देखे।।

ख़ुशियों में था संग ज़माना
दुःख की घड़ी में तन्हाई।
अपना कहते-जो ना थकते थे,
ऐसे हमने अपने देखें।।

इतनी इंगलिश सीखी हमने,
ग्रामर 'लाइफ' के भूल गए।
'थ्योरी' रिश्तों की भुला के सारी,
बने प्रैक्टिकल ऐसे देखे।।

वक़्त हुआ हमसे आगे या,
हम वक़्त से आगे निकल गए।
बड़ी बड़ी कोठियों में हमने,
बूढ़े माँ बाप अकेले देखे।।

क्या सीखा है किसी से हमने,
क्या किसी को हम सिखलायेंगे।
फसल लगी थी जहाँ आम की,
बबूल वहीं पर उगते देखे।।

कोई मरा पैसों की खातिर,
कोई मंदिर में सोना दान करे।
शाम को भूले राह सभी और,
'कबिरा' बेबस रस्ता देखे।।

4. तुम बिन

कहाँ थी मेरी तन्हां राहें,
तुम कहाँ से कैसे आन मिले।
तुझ बिन दिल घबराता क्यूँ है,
कुछ तो रिश्ता तुमसे होगा।।

पूजा सी मुस्कान है तेरी,
आँखे तेरी एक दिया।
तुम जहाँ खड़े हो दो पल को,
बस वहीँ मेरा मंदर होगा।।

मैं तेरी हसरत करता हूँ,
पर सोच के ये डर जाता हूँ।
जब भी कोई ख्वाब है देखा,
टूटा बिख़र गया होगा।।

तुमसे सोना, तुमसे जगना,
सुबह तुम और शाम भी तुम।
जब भी मौसम खुशगवार हो,
लगता है तू गुज़रा होगा ।।

अब तक तो हारा, हर शय से
अब कैसे मैं जीत गया।
मेरे बस की बात नहीं ये,
तेरी दुआ का असर होगा।।

मैं राही बस चलना जानूं
चालें कैसी, घातें क्या।
रुका - लहू पोंछा - शायद,
कोई कांटा पांव चुभा होगा।।

5. लाइट नहीं आई

सोचो तो सही
कभी जब देर तलक लाइट नहीं आती
सुबह से
शाम हो आती है
इसके इंतज़ार में।
प्यास है पर, टोटियो में पानी नहीं
कोई कहता है लाइट नहीं आई अब तक
मेरा प्रोग्राम निकल जायेगा टीवी पर।
कोई यूँ ही परेशां है
यूँ लगता है लाइट नहीं आई
तो जाने क्या खो देंगे
और लाइट आ भी गई
तो क्या कर लेंगे।

शोर से कम, लाइट है इनके वहां
पड़ोस में चल रहा जेनरेटर
सिर का दर्द बढ़ा देता है।
अजब सी बेचैनी
अजीब सा सन्नाटा है हर तरफ
लाइट नहीं आई।
जिससे भी मिलो
जिधर भी देखो
बस एक ही जुमला है
जुबाँ पर सबके

लाइट नहीं आई।

और एकाएक
जैसे किसी ने कहा हो जोरों से
अटेंशन !! स्माइल प्लीज
जैसे किसी कैमरे की फ़्लैश चमकी हो।
लाइट आ गई का शोर मचता है।
मंदिरों से भजनों की आवाज आने लगी
जेनेरेटर का शोर बंद हुआ
पानी के मोटर चालू हो गए।
हर कोई जो बेरोजगार था
अब काम में लग गया
भई लाइट आ गई।

सब कुछ वैसा ही है
तुम छोड़ कर गए हो जब से।

दिल में,
जहन में,
नींद में ,
ख्वाब में,
एक ही शोर मचा है कबसे
लाइट नहीं आई।

बैठा हुआ हूँ उदास
घड़ी देख रहा हूँ
मुद्दतें हो गई, पर
लाइट अब तलक नहीं आई।

रुका हुआ है सारा
कारोबार तुम्हारे जाने के बाद।
तुम आ जाओ तो लाइट आये
और कारोबार चले।

6. मौसम

सर्दियाँ थी शायद
हाँ वो सर्दिया ही तो थीं।
जब तुम मुझसे मिले थे।
याद है तुम्हें
कितनी ठण्ड पड़ी थी उस बरस।
तुम साथ थे तो
बस एक चाय की प्याली
और तुम्हारा खुशबू भरा साथ
तो वो सर्दियाँ भी कट गईं।

और फिर गर्मियां आ गई
मुझे याद है अब तलक
तुम जब सुबह नहा कर
अपने भीगे बाल लिए
मेरे चेहरे पर झिटकती थीं
और फिर कहती थी
उठो अब जाओ ब्रश कर लो
मैं चाय बना रही हूँ।
तो बस वो तुम्हारे भीगे बालों की
ठंडक लिए गर्मियां भी गुज़र गईं।

फिर बरसात आ गई और
यूँ तो सिनेमा में देखा था बस,
जो उस रोज़ मेरे साथ हुआ।

कैसे टूट कर बरसा था पानी उस दिन
जिस रोज़ छोड़ कर तुम गए मुझको।

बस उसी दिन से
इस जमी ने घूमना बंद कर दिया जैसे
न दिन ही होता है,
न रात होती है।
मौसमों ने आना जाना
छोड़ दिया हमारे घर पर।
तुम्हारे जाने के बाद
ये मौसम बदला ही नहीं।
बंद कमरों में,
ये आज भी बरसता है रोज
और मैं भीग जाया करता हूं।

7. बिसात

विसात बिछी है जिंदगी की
एक तरफ वक़्त है सफेद घोड़ों पे सवार।
एक तरफ हूं मैं,
स्याह प्यादे चलता हुआ।

अगर वक़्त ने कुछ प्यादे गिराए है मेरे।
तो हमने भी इसके कुछ प्यादे
मार कर छकाया है इसे।

कई बार इस खेल में
ऐसा भी हुआ है।
की वक़्त ने कहा - ये लो ,'शह' - और तुम्हारी मात।
मगर गर वक़्त ज़िद्दी है, तो मैं भी इसी की संतान हूँ
ज़िद्दी मैं भी कम नही।
हारूँगा किसी रोज़ गर
तो अपनी मर्ज़ी से।
यूँ कोई चैलेन्ज करे
तो खाक हार मानूँगा मैं।

एक गहरी सांस लेता हूं
बिछी बिसात पर नज़र डालता हूँ।
और उसकी 'शह' की राह में
धीरे से एक प्यादा सरका देता हूं।
और ये खेल मेरे और वक़्त के बीच का

फिर बदस्तूर चलने लगता है।

मैं कभी हार भी मानूँ
और चुपके से ऐसी चाल चल भी दूं,
की चलो अब खत्म ही करो
ये खेल, बहुत हुआ।

मगर ये वक़्त ज़िद्दी है बड़ा
मेरी वो चाल वापिस रख के कहता है
कि - खेलना है तो ठीक से खेलो
'यूँ ही बगैर कोशिश के
हार नही माना करते।'

खेल बादस्तूर जारी है।

विसात बिछी है जिंदगी की
एक तरफ वक़्त है
सफेद घोड़ों पे सवार।
एक तरफ मैं हूं
स्याह प्यादे चलता हुआ।

8. मेरे मुंसिफ़

मेरे मुंसिफ़ मुझे बता दे,
क्या तेरा फैसला है।
तू जफ़ा कहे जफ़ा है
तू कहे वफ़ा तो वफ़ा है।।

मैं तो हूँ एक ज़र्रा ,
तेरी क़ायनात का।
ये सांसे है तेरी नेमत,
ये हँसी तेरी अता है।।

एक पल में आए आँसू
एक पल में मुस्कुराना।
सब ये क्यूँ हो रहा है,
सब कुछ तुझे पता है।।

कभी ख्वाब होते सच्चे,
कभी अरमान टूट जाते।
कैसे ये सारे रिश्ते,
तुझसे कहाँ छुपा है।।

तूफ़ां से निकली कश्ती,
साहिल पे आ के डूबे।
किसकी कहाँ है मंज़िल, (किसको कहाँ था जाना)
तू खूब जानता है।।

,

9. ऐसा क्यों है

नींद भी आती है,
ख्वाब भी आते ही हैं।
मेरे ख्वाबों में तुम नहीं आते,
ऐसा क्यूँ है।।

जब से चाहा है तुम्हे हमने,
सारे रिश्ते टूटे।
रिश्ता तुमसे भी नहीं कोई,
ऐसा क्यूँ है।।

छोड़ कर जायेगा वो भी,
मुझे तनहा देखो।
फिर भी वो मेरा रहेगा,
मुझे लगता क्यूँ है।।

सूखे पत्तों की तरहा ख्वाब सब,
टूटा ही किये।
हर तरफ बदला है मौसम,
यहाँ पतझर क्यूं है।।

खेल है चँद सांसो का,
ज़िन्दगी 'कबीरा' देखो।
आखिरी हिचकी मगर जाने,
इतना लम्बा क्यूँ है।।

10. सोचता हूँ यूँ ही

सोचता हूँ कभी
जैसे घर में वो
बर्तन मांजने वाली आती है
गंदे हम करते हैं बर्तन
और वो सब चमका के जाती है।

सोचता हूँ कभी
वो जो धोबी आता है
हर हफ्ते हमारे घर पर।
हमारे सारे गंदे कपडे
लिए जाता है साथ अपने।
फिर जब वो लौटता है
अगले हफ्ते।
साथ लाता है अपने वो
हमारे चमचमाते कपडे।

सोचता हूँ कोई रोज़
आ जाता घर पर उस
महरिन की तरह।
और धुल जाता हमारे
गिले शिकवे।

कोई धोबी होता ऐसा
जो ले जाता साथ अपने

हमारी नफ़रतें और नाक़ामियाँ ।
और जब वो लौट कर आता
तो साथ लाता साफ-सुथरी
चमचमाती ज़िन्दगी।

वो जैसे अम्मा पूरे घर को
अलस्सुबह बुहार देती हैं।
सोचता हूँ यूँ ही
काश ऐसा होता
की हम जब सुबह सुबह उठते
एक झाड़ू ऐसा होता
की हम अपने मन को बुहार लेते।
और दूर कही कोनो में बैठी
उलझनो के जाले भी झाड़ देते।

सोचता हूँ यूँ ही
की ऊपर वाले से
कहीं कुछ छूट तो नहीं गया
ये दुनिया बनाने में।
के जो हो सकता था हम सब से
उसे करने को आदमी है बहुत।
और ये जिंदगी की दुश्वारियां
सँभालने के लिए कोई नहीं।
सोचता हूँ यूँ ही --

11. सूखी यादें

ट्रेन अपनी रफ़्तार से चले जा रही है।
सारे ही सो रहे,
एक बस मेरे सिवा।

होता हूँ तुमसे दूर
तो जाने कैसे ।
मेरे साथ तुम्हारी यादों का
पिटारा भी चला आता है।
बस मेरी रात उसी पिटारे से
चीज़ें निकालने रखने में गुज़र जाती है।

सुनो
तुमने मेरे सामान में वो नींद तो
बांधा ही नहीं।
भूल जाती हो अक्सर
वही तुम्हारे सिरहाने
तो पड़ा रहता है ।

ट्रेन पूरी रफ़्तार से चले जा रही है।
ये जितनी तेज़ चलती है
उतनी ही तेज़ तुम्हारी यादों का
सिलसिला भी चलता है।
ये ठहरती है
तो मै भी ठहरता हूँ

यादो की करवट बदल लेता हूँ।

एक बात सुनो
अब जो कभी कही जाऊँ तो
पराठों के साथ एक टुकड़ा
मीठी नींद की जरुर रखना ।
ये सूखी यादें अटक जातीं है अक्सर।
ये सूखी यादेँ मुझसे नहीं घोंटी जाती।।

ट्रेन अपनी रफ़्तार से चले जा रही है

12. कोरा काग़ज़

तुम तो हो बेपरवा मुझसे,
फिर याद तेरी , क्यूं आती है।
सोच के तुमको दिल की
धड़कन, क्यूं बढ़ जाती है।।

जाने कितनी बार ये सोचा,
लौट चलूं इस रास्ते से।
क्या जाना उस राह को जो,
मंजिल तक ना जाती है।।

बार बार ये सोचूं, आओ
बैठो तो, दो बात करें।
वो लम्हे सब गुमें कही
जो तुमसे मिलवाती है।।

तुमने उड़ना चाहा था ,
तुम्हें आसमाँ दे डाला ।
मेरा क्या, मेरी राहें बस
तुम से तुम तक जाती हैं।।

नाम लिखा बस तेरा 'कबीरा '
और नहीं कुछ लिख पाया।
यूं तो कोरा कागज़ है,
जो समझ सको तो पाती है।।

13. बेवजह शामें

बेवजह शामें ढलती है,
आंखों में रातें कटती है।।
हर शाम की चाय अकेली है,
कोई साथी ना कोई सहेली है।।

जहाँ बैठ के जी हल्का कर लें,
है ऐसा कोई और नही।।
जहां ठठ्ठा कर के हँस बोल सके,
है ऐसा कोई ठौर नही।।

एक तुम ही मेरे साथी थे,
तुमसे ही मेरी महफ़िल थी।।
तुम ही तो मेरी सुनते थे,
हम एक ही सपने बुनते थे ।।

जाने कैसी ये हवा चली,
ना जाने किसकी नज़र लगी ।।
अब बोलना तुमने सीख लिया,
मेरी अब तुम सुनते ही नही ।।

मैं कैसे भी रक्खूं बात मेरी,
तुम तर्कों से काट ही देते हो।।
मैं लाइन कोई अगर खींचू,
तुम उससे बड़ी रख देते हो ।

इस भागमभाग भरी दुनिया में,
थोड़ा ठहरो थोड़ा सोचो।
ये सारी मशक़्क़त किसके लिए ,
जब तुम खुश औ न हम खुश हों।।

है समय बँटा क्यों पल पल में,
घन्टों में , मिनट सेकंडों में।।
मत जाने दो इसे गुज़र यूँ ही,
बस हफ्ते, साल, महीनों में।।

है सारी मशक्कत किसके लिए,
रुक कर के थोड़ा गौर करो।।
जो समय का टुकड़ा साथ मिला,
वो समय जिओ, जी भर के जिओ।।

तुम बिन भी कोई अधूरा है
है तुमको इसका भास नही।।
बस राह तुम्हारी तकता है
शायद इसका एहसास नही ।।

14. बस तुम से

ना कोई आने वाला था
ना किसी की आहट होती थी ।
सूना सूना था ये जीवन
संगीत बना तो बस तुम से ।

मै सपनों का सौदागर था
बस सपने देखा करता था ।
कंकर पत्थर थे स्वप्न मेरे
तावीर बनी तो बस तुम से ।।

कुछ चाहूं तो किससे बोलू,
कुछ उलझन तो किससे पूछूं ।
सूनी मेरी महफ़िल को,
मनमीत मिला तो बस तुम से ।।

थे रंग बहुत पर सब बिखरे,
जीवन के सब धागे उघड़े ।
जिससे सब रंग सधे मेरे,
तस्वीर बनी तो बस तुम से ।।

देखने को बहुत दुनिया देखी,
जाने कितनी जगहा भटके।
बस एक ही राह जँची मुझको,
जो जाती है - तुम तक, तुम से।।

15. एक दिन

जानते हो, जब तुम छोटे थे
और अभी चलना शुरू ही किया था।
तो तुम दिन भर इधर उधर
गिरते थे, चोट लगती थी
फिर रोने लगते थे।
फिर पता है हम लोग क्या करते थे
हम लोग तुम्हे बहलाने के लिए
जमीन पर मारते थे,
कि 'इचने तुमे चोटी लगा दी'- मारो इसको
और फिर तुम भी जमीन को मारने लगते थे
अपना सारा चोट और दर्द भूल जाते थे।
फिर हमने देखा कि तुम थोड़ा होशियार हो गए।
तुम गिरते थे
चोट लगती थी
पर रोते नही थे
जमीन पर खुद ही मारते थे
और आगे बढ़ जाते थे।...
...
...
पर
अब तुम बड़े हो गए बेटा
अब अगर गिरो, तो
जमीन को मै मारुं
या तुम मारो... कोई फर्क नही पड़ता बेटा।

चोट तुम्हें ही सहना होगा।

अब जो गिरोगे
तो चोट भी लगेगी
और दर्द भी होगा ।
ये जिंदगी के सबक हैं
गिरना - गिर कर फिर उठना ।

फिर सम्हल कर चलना
तो सीखना ही पड़ता है ..... एक दिन ।।

16. कीमत मेरी मत पूछना

क़ीमत मेरी मत पूछना,
हम क़ीमती हो जायेंगे।
हमको ज़रा सा प्यार दे दो,
हम यूँ ही बिक जायेंगे।।

जब तक तुम्हारे सामने हैं,
कितना भी नाराज़ रह लो।
दूर जिस दिन हो गए,
हर एक पल हम याद आएंगे।।

शोहरत उन्हें मिलती है जब वो,
ख्वाब कोई तोड़ते है।
हम ने जब भी ख्वाब देखे,
गुनहगार कह लाएंगे।।

देखना वो दूर से जो,
मुस्कुराते आ रहे हैं।
पास से गुज़रेंगे जब,
आँखें चुरा कर जायेंगे।।

बा-दस्तूर है ये सफर जारी,
कारवां भी साथ है।
क्यूँ मुझे लगता है कोई ,
हमसफ़र न पाएंगे।।

17. जाओ तुम खुश रहना साथी

दर्द ने मुझको जीना सिखाया
दर्द ने मुझको इतना बनाया।
तुमको दर्द बना डाला अब
जाओ तुम खुश रहना साथी।।

कैसे शिकवे ,कैसी बातें
कैसे तारे ,चालें क्या।
देर से ही ,पर समझ गया अब
जाओ तुम खुश रहना साथी।।

हमदम होगा खुशियां होंगी
ऐसा होगा वैसा होगा।
ख्वाब था सारा ,जान गया अब
जाओ तुम खुश रहना साथी।।

अब ना कोई संगी होगा
न किसी का कोई नाम धरेंगे।
तन्हा था, फिर तनहा हूँ अब
जाओ तुम खुश रहना साथी।।

जैसे मेरी खुशियां ले लीं
मेरी उमर भी साथ लिए जा।
जितनी थी ,सब काट चुका अब
जाओ तुम खुश रहना साथी।।

18. आधा-अधूरा

ये जो हममें तुममें,
कुछ आधा- अधूरा सा है।
यकीं मानो, ये जैसा भी है
पूरा पूरा सा है।।

पूरा है जो,
वो पूर्ण विराम है।
है जो अधूरा अभी,
उसे कब आराम है।

दरअसल जो पूरा हुआ,
वो तो अंत है।
और जो अधूरा है ना,
वो अनंत है।

जो पूरा हो गया
वो अब कथा है।
और जो अधूरा है
उसकी भी अपनी व्यथा है।

इस अधूरेपन की कोई
इंतेहा ही नहीं।
ये जो आधा अधूरा सा है

ये संभावनाओं से भरा है ।

ये रिश्ता जो
आधा मेरा
और आधा तेरा है।
यकीं मानो
ये जैसा भी है
यही पूरा है।

19. क्यूँ परवा कोई और करे

हों जीवन में ग़म ही ग़म तो,
क्यों परवा कोई और करे।
जो कुछ भी है किस्मत अपनी,
क्यों परवा कोई और करे।।

हम जानते हैं अनजाने भी,
दुनिया की पुरानी रीतों से।
यहाँ बाद मौत के कोई नहीं ,
जो याद हमे भूले से करे।।

हम राज़ ये जाने भी तो क्या ,
जी भर कर हमने प्यार किया।
बर्बाद हुए इस प्यार में ही ,
अब प्यार को रुसवा कौन करे।।

है जाने क्या उसकी आँखो में ,
हर क़सम ना मिलने की टूटी।
फिरता ग़म की तस्वीर बना ,
अब उसे बेवफ़ा कौन कहे।।

हमने तो तुझे दिल से चाहा ,
तू ही ना मुझे पहचान सकी।
शोहरत रुसवाई बन बैठी ,
रुख़सत पे शिकायत कौन करे।।

20. हम तो जाते हैं

हम तो जाते हैं,
तेरी याद सजाए दिल में ।
फिर ना आऊँगा,
कभी लौट तेरी महफ़िल में।।

तझसे मिल के भी
मुलाक़ात ना होने पाई,
दिल में जो बात थी
वो बात ना लब पे आई ।
रह-रह के टूटे हैं मेरे,
बारहा ख्वाबो के महल ।
कितने अरमान लिए
आया था तेरे दर पर मैं।।

मेरे चाहत मेरे अरमान की ,
जलती रही चिता दिल में ।
मेरी आँखों में मगर ,
अश्क़ ना फिर भी आए।
डूब के देखे कोई ,
आँखो में रोते दिल को ।
रह गई जज़्ब हो के,
ये भी तमन्ना दिल में।

मुझे मालूम ना था की,
चाहत भी ख़ता होती है,
पांव के धूल की आख़िर ,
औक़ात ही क्या होती है।
प्यार है अब भी मगर ,
तेरे लिए मेरे दिल में
कबीरा तेरा ना सही ,
बन सका इस जीवन में।।

21. बस - कोई वादा मत करना

बस कोई वादा मत करना
जहाँ तक चल सको चलो।

हम चाहते हैं तुमको,
ये और बात है मगर।
तुम कोई ऐतबार मत करना,
जहाँ तक चल सको चलो।।

मोड़ इतने पड़े हैं राहों में
की आलम ही कुछ और है।
मंजिल का भरम मत रखना
जहाँ तक चल सको चलो।।

हँसना जो कभी चाहा,
तो आँसू निकल पड़े।
मेरे हँसने पे यक़ीं मत करना
जहाँ तक चल सको चलो।।

है टूटना तो एक दिन
सपनों की उम्र कितनी।
यूँ भी 'स्वप्न' नाम अपना
जहाँ तक चल सको चलो।।

22. प्यार कहीं ये मर ना जाए

प्यार कहीं ये मर ना जाए
इसे सम्भाले रखना तुम।

मत परवा कर आँख में आँसू,
हैं तो कोई बात नहीं।
आँख का पानी मर ना जाए
इसे सम्भाले रखना तुम।

धूप औ साया, दुख औ सुख ये,
जीवन के दो पहलू हैं।
सूरज से सब जल ना जाए
इक चाँद का टुकड़ा रखना तुम।

है वो तेरा फिर भी तन्हा
तू उसका है तू भी तन्हा।
चार दिनों का जीवन सारा
दो दिन तो संग रहना तुम।

तू ख़ुद से बातें करता है
वो भी ख़ुद में ही गुम है ।
इससे बेहतर संग बैठना,
थोड़ा लड़ना झगड़ना तुम।

जीवन नदिया के जैसे है
हर हाल इसे बहते जाना है ।
राह कहीं तो निकलेगी ही
कोशिश करते रहना तुम ।